Preamar
Rudá Ventura

Preamar
Rudá Ventura

1ª edição, 2017 | São Paulo

LARANJA ● ORIGINAL

Vista das águas de Valparaíso, Chile, janeiro de 2014

Prefácio

A arte poética de Rudá Ventura tem uma grandeza própria, dessas que capturam o silêncio das sementes, os traços de lua no poente, as espumas do mar num vão de areia. Entramos em seus versos devagar e de repente nos vemos inundados por um canto ancestral, como se abríssemos as janelas e as portas de uma antiga catedral, fechássemos os olhos e deixássemos nossos corações sentirem a brisa do mar e o cheiro do vento, como se esquecêssemos do tempo, do espaço e voltássemos a fazer parte de um hino essencial, de um átomo comum, que nos irmana com a natureza de tudo. E nesse estado, parece que nossas almas tangenciam a eternidade. Nas palavras dele:

(...)
O mundo é tão pequeno
Quando fechamos os olhos
E o tempo é tão curto
Quando enxergamos a eternidade.

Mas não se engane, esse canto essencial que a poesia de Rudá exala, vem da existência, surge de um olhar subjetivo para os temas do mundo, olhar que percebe o acaso criando destinos e admira o imprevisível, que exalta a vida e navega no livre-arbítrio:

Quiseras que enxergasse meu caminho
E sentisse no outono as quatro estações;
Quiseras que eu tocasse os frutos,
Antes mesmo de lançar suas sementes.

Não posso mudar o que vejo,
Mas saber o destino é pressentir a estrada...

Se deixas eu olhar a terra
E me dás a clareza dos planos,
Também fazes conhecer tal sorte
E os espinhos que escondem os ramos

Para que as mãos não temam adiante
E para que minha boca no estio plante
Sonhos na relva.

Do seu subjetivo, dessas catedrais escancaradas, nos chegam cores de crepúsculos, sons de sol e lua, cheiros de lágrimas, flores e espinhos. Numa constante dança harmônica, mesmo que tantas vezes dolorida, de luz e sombra, noite e dia, morte e vida.

Percorrendo sempre imagens como: aurora, crepúsculo, horizonte, mar, cais... O livro apresenta uma unidade, uma identidade simbólica na linguagem, porém cada poema é único, explora uma filosofia própria.

'Preamar' é como um céu estrelado, onde cada estrela tem sua singularidade e brilho mas juntas iluminam a escuridão. Como os multiformes raios de sol da aurora, cada qual com seu próprio traço e luminosidade, mas, quando juntos, formam uma obra de arte. E como não poderia deixar de dizer, as ondas do (a)Mar, cada uma única, com seus movimentos de vida e morte, porém unidas formam o balé das águas salgadas.

'Preamar', assim, é tessitura, é malha fina, bordado de símbolos, encontro de estações. Uma folha seca na primavera, um fio de noite no dia, um sol forte atrás das densas nuvens, um silêncio gritante que ecoa aos quatro cantos do coração.

Um livro engajado com o humano e que protesta pela vida.

(...)
Que silêncio dissonante em meu peito jaz,
Neste prumo que minh'alma arqueja,
Pelo anseio que me apressa afora.
Que silêncio penetrante se acosta agora!
Este tempo envolto faz do mundo um cais.

Clara Baccarin

Existe na Natureza, segundo creio, um magnetismo
sutil que, se nos submetermos inconscientemente
a ele, há de nos conduzir com segurança.
Não nos é indiferente o caminho que tomamos.
Existe uma trilha certa (...)

Henry David Thoreau

As águas

Preamar

Escreva meu nome na areia
Pra que nele habitem as linhas do Mar
E só o que diga a água
Ressoe em minha sorte,
Pelo sal que se estende aos olhos,
Pelas ondas que retêm meu ar.

Há um brilho de Lua no dia,
Há uma chama de Sol pela noite
E há um caminho de estrelas sobre as águas.

Escreva meu nome na areia
E deixa que as ondas me façam lembrar...

Eu sou da preamar
E eu trago em minha boca
A voz do Oceano.

Oceano

Nosso choro é feito um mar
E há tanto sal em cada lágrima
Que o corpo esconde um oceano.

O pescador de sonhos

Canta o pescador e a maré entoa
A nota que apanha os sonhos
À beira do céu.

Quando cai a noite
Sobre o manto d'água que o dia esconde,
O pescador ressoa um canto
Que aparta os medos e adormece os prantos
Pra encontrar em sonhos
O caminho à fonte.

Canta o pescador e a maré entoa...
Às horas altas as paixões habitam,
Fechados olhos o encanto avistam
À beira do céu.

Um beijo

Enquanto a noite desfia a linha
Do horizonte em oculto anseio,
Uma onda que nas pedras finda
Desenha na areia um beijo.

À deriva

Tal como um navegante que esquece o leme
É o coração que adormece um sonho...

Espera o vento alinhar o casco
E lamenta o ocaso
Sem chegar à areia.

Sal e areia

Tamanha dor que a alma sente,
Mais que um corte lesando o corpo
E sua cicatriz vencendo o tempo;

Tamanha dor sem ferimento
E tão longo seu passado que se estende.

Mas tal como o ouro é forjado à chama,
Também a alma, no ardor de cada chaga.

Não são os risos que lapidam nossa essência,
São as lágrimas...
Feito o sal das águas sobre os corpos das rochas.

Marés

Sobre a vida vertem marés
E o sal que há nas águas
Nos olhos jaz, portos de lágrimas.

Arrebentação

Cada onda toca a areia a seu tempo
E sei que as águas destinam meu peito
Aonde minha alma deve pulsar.

Cais

Que silêncio dissonante ecoa ao som da noite,
Quando ao breu a luz flameja
E ao olhar a prata impera.
Que silêncio dissonante entoa a nova era,
Ao clamar pressente hinos ancestrais.

Houve um tempo que dobrava o sino
E vibrando igual, estendia a ceia.
Houve um tempo tão perene outrora,
Em que o Mar cantava à areia
E o ocaso ressoava à aurora.

Que silêncio dissonante em meu peito jaz,
Neste prumo que minh'alma arqueja,
Pelo anseio que me apressa afora.
Que silêncio penetrante se acosta agora!
Este tempo envolto faz do mundo um cais.

Os campos

Às margens do céu

Há uma vela que o horizonte ilumina
E um manto de aurora que reclina sobre nós.
Há um vale sob a pele do asfalto
E um canto que ecoa em silêncio,
Por dias se ouvindo
Às margens do céu.

Hoje acordamos com um sonho,
Amanhã despertaremos sem vida.
Há o infinito num instante de aurora
E ainda há luz nos dias sem sol.

Há um futuro que agora amanhece sobre nós
E há um canto que nos guia em silêncio,
Por dias seguindo
Às margens do céu.

Primavera

Eu plantarei uma rosa por ti,
A cada ano
Eu plantarei tua ausência nesse campo

E ainda que se estenda o outono,
E ainda que se ausente a semente,
Eu olharei tua rosa
E colherei teu encanto,
Primavera!

Baixa estação

No inverno
Eu planto a tua rosa,
Molho os teus versos,
Leio o teu aroma...

Na ausência
Eu protejo a tua sombra
E semeio a primavera,
Pra colher o teu sorriso.

Ventura

A boca do crepúsculo tragou o horizonte
E o vento em degredo soprou ausência sobre a flora.

Do dia partido restou a bruma
E no chão estendido, ventura, outono e saudade.

Copas de árvores declinavam-se em lamento
E a estrada sentia a chuva,
Como a pele, a lágrima, salgada em segredo.

O campo de asfalto esperava a primavera
E a menina triste esperava à janela
O cravo perdido em outra estação.

Antese

Olhar os campos e enxergar a si mesmo,
Notar que os ciclos que perpassam a terra
Também se estendem em nós...

Que floresça nos campos e nas mentes!

Sob as árvores

Plante teu sonho sob uma árvore...
Ampare as sementes dele
E proteja as raízes dela,
Pra que na primavera
Cada folha erguida
Seja uma bandeira de tua verdade.

Sementes

> *Oh! Bendito o que semeia*
> *Livros... livros à mão cheia...*
> *E manda o povo pensar!*
> Castro Alves

O futuro em sementes:
Um fruto nasce ao forjar a terra...

Pode ferir-se a mão,
Pode sangrar a seiva,
Mas o desejo revela suas folhas:
Bandeiras contra a cela.

Enfim, o pranto seca,
As pedras somem
E os olhos contemplam a primavera.

Elísios

Eu plantarei minha alma nos campos
E colherei a cada ano
Versos no outono.

Andarei por terras que desconheço
E forjarei sob o horizonte
Minha ausência.

Viverei como a morte, que a si consome,
Pela ânsia de vida, que a mim destina
Sonhar e seguir...

Eu cantarei no silêncio
Pra que o amor seja ouvido
E em cada prado perdido
Ressoemos enfim.

Linhas na relva

Vejo os campos com a mesma clareza
De quem lê as linhas da própria mão.
Gravo meu destino sobre a relva
E deixo que a terra sinta meus passos,
Antes mesmo de eu trilhá-los.

Sigo um caminho sem paragens
E apenas sobre o horizonte
Eu ergo minha morada.

Levo tudo o que meus olhos retêm
E entrego aos bosques
Minha alma em rama.

Eu beijo a rosa, eu toco a chama...

E vivo o infinito em instantes,
Porque assim é a eternidade
Pra quem ama.

Horizonte

Não quero cercar o chão,
Nenhum palmo de terra.
Não quero nomear os campos,
Nem marcar os prados
Com grades e velas.

Não quero mortes,
Não faço guerras,
Apenas busco o horizonte.

Não quero nada
Que na usura se esconde,
Nem o ouro, nem a cela,

Nenhum palmo de terra.
Só quero os passos
Que enveredam ao infinito.

Livro dos dias

Deixarei que me leias essa noite
E que as linhas em meus olhos
Te mostrem de onde eu vim...

Segui as trilhas do vento
E caminhei pelo horizonte
Em busca de terras sem nomes.

Percorri as campinas, me debruçando em rios
Pra enxergar sob as ondas minha essência.
Eu busquei a liberdade, eu me encontrei na ausência
E em silêncio, escutei as vozes da chuva.

Eu vivi o tempo dos campos,
Contei as horas dos cravos
E em meu peito, semearam-se os anos.

Deixarei que me leias essa noite
E amanhã reabrirei sobre os prados
Meu livro dos dias.

Caravana

Eu trago a voz de antepassados,
Um canto que ressoava nos prados
E inebriava a cidade
Em louvor aos jardins.

Passos que eu percorro
Marcaram em meu caminho,
Eu me guio pelas flores
Que pintaram em carmesim.

Sobre a relva nos bosques,
Sob o céu nas montanhas...
Eu sigo feito um levante
No ardor da caravana.

Gitano

Um cigano mira a Lua,
Fala em versos
E aprende a caminhar, bailando.
Sua arte não é parte de uma cultura:
Ela é a razão de sua essência.

Feito a palma da mão que trilha em linhas,
Seu destino se grava em estradas
E seu instante retém a eternidade.

Pisa horizontes e toca as estrelas;
Canta a alegria, mas chora a mesma nota;
Fecha os olhos e ainda pode enxergar.

Nunca cercou terra alguma pra dizer que era sua;
Caminha por tantas pátrias, mas não pertence a nenhuma;
E a única culpa que traz consigo é a de ser livre.

Cravo

Há um véu que cobre a fronte
E estações que ele esconde ao brotar.

Há quem tema a partida...
Mas em qual lado é a chegada?

O choro não é o início,
Nem o batismo, a origem.
Além do espelho há outros trajes.

Há um véu que cobre a fronte
E há um caminho aberto sob estrelas.

Planta sob o vento, colhe sobre a areia
E o tempo refaz os jardins.
Mas às vezes, por algum motivo,
O véu se desfia, as nuvens se afastam
E o passado encontra seu cravo.

Quatro estações

Quiseras que enxergasse meu caminho
E sentisse no outono as quatro estações;
Quiseras que eu tocasse os frutos,
Antes mesmo de lançar suas sementes.

Não posso mudar o que vejo,
Mas saber o destino é pressentir a estrada...

Se deixas eu olhar a terra
E me dás a clareza dos planos,
Também fazes conhecer tal sorte
E os espinhos que escondem os ramos

Para que as mãos não temam adiante
E para que minha boca no estio plante
Sonhos na relva.

O asfalto

Ruínas de ágora

Há tanta boca
E tanta voz desmedida
Nesse silêncio repetido e gritado,

Nesse vazio de palavras que ecoam esquecidas,
Onde à margem de toda prosa
Talvez repouse alguma verdade.

Há tanta boca
E nenhum som profundo;
Há tantos dentes devorando os sonhos
E tão ímpio tornou-se o mundo,
Que mastigado resta pra nós.

Manifesto

Que o canto mais alto
Seja às ruas o que ecoa
Pra dar voz aos que clamam,
E a cidade escutar.

Narciso paulistano

A cidade em trapos admira sua imagem perfeita
No rio que feito veia corre beirando a morte,
Enquanto a vida por sorte
Espera mais um dia sem cheia.

Mas logo tarda o tempo culpa
E o chama em prosa a cuspir desculpas
Pelos versos ingratos e outra tarde de pena.

...As águas sempre gritam a saudade
Dos dias que alguém esqueceu de contar:
Enquanto a margem fecunda cedia seu leito,
A turba segura contemplava o feito
Que sua arte insensata hoje faz enxergar.

A cidade em laços balbucia sua imagem perfeita,
Sentada à mesa, disputando a cela,
Ou varrendo o limo e acendendo velas
Pra outra noite apagar nesse eco infeliz.

... Na garoa o destino enfarta
E o presente é sem flores.

Bandeiras

Um povo sensato
Tece bandeiras,

Um povo omisso
Aceita os trapos.

Utopia

Palavras são ferramentas
Para forjarmos o mundo que ansiamos.

Respeito

O anonimato encoraja os covardes
A disseminarem o ódio e a intolerância.

Mas se a cada voz erguida pela ignorância,
Cem outras se levantarem pelo contrário,
Então o respeito soará tão alto
Que não haverá espaço pra ruídos dissonantes.

Empatia

Quando vemos pelos olhos de quem chora,
Enxergamos melhor.

Espelho

O maior insulto que se pode receber
É o que parte de si mesmo
E desvenda a real essência

Pelas palavras proferidas
A ressoarem pequenas
E pelos atos descabidos,
Tão aquém da sapiência.

Liberdade

Só afirmamos ao espelho
Nossa liberdade,
Quando enfrentamos
Todas as faces da escravidão.

Babilônia

Pensam que são livres...
Pensam que são...

Liberdade ao escolher um amo?
Servos que veneram o opressor?

Pensam que são livres...
Quando notarem que vosso rei é o dinheiro
E que a usura corrompeu vossos sonhos,
Saberão que a vida por moedas
É escravidão por escolha.

Penúria

Eis o tempo em que precificam a vida,
Comercializam a fé
E vendem os próprios sonhos;

Eis o tempo em que servos enaltecem o opressor.

Evolução

Quando o homem cercou a terra
E a chamou de sua;
Quando matou irmãos e orou à vida;
Quando secou as matas e selou os dias;
Quando chamou de evolução
O que era apenas demência...
Ele forjou sua própria cela.

Criamos um mundo à nossa imagem,
E por espelho falho
Tão primário ele tornou-se.

Pranto de Iara

Aos olhos dos índios,
O rio mais próximo donde um povo se assenta
É feito um espelho de sua virtude ou demência.

... Há que se lamentar por nossa imagem.

Valia

Paga-se um preço caro
Pelas palavras ditas,
Mas paga-se outro ainda maior
Pela omissão
E pelo silêncio.

Arbítrio

A vida nos impõe escolhas:
Ou se entrega à coragem,
Ou se atém ao contrário.

Não há meio covardes.

Correnteza

Toca minha alma a correnteza
E no levante do rio
Eu me lembro de seu curso.

Às margens se debruça a ausência
E na areia grava suas memórias...

Derrubaram a mata, ergueram a cidade
E em meio à cobiça, abriu-se uma clareira.
Foge a esperança enquanto a terra sangra
E em águas turvas, banha-se a maldade.

Torno ao seu leito e oro às suas águas
Pra que me levem a outro afluente
E pra que ele renasça em mim.

Amanhã desaguarei na costa...
Mas hoje eu subirei a serra
E ante a gris fera
Não secarei sem lutar.

O horizonte

Andarín

Cuento las estrellas...
Hay muchas...

Pero si me pierdo en un día oscuro,
Sigo la que es tuya
Y encuentro un camino al infinito.

Andarilho

Conto as estrelas...
Há muitas...

Mas se me perco num dia escuro,
Sigo a que é tua
E encontro um caminho ao infinito.

Confín

He ido a mirar en tu suelo
La raíz de mi árbol,
La semilla del fruto que arde en mi boca
Hasta quemarme al gusto de un verso.

He ido a caminar por tus calles,
Y beber tu agua, y llorar tu llanto
Para llenar mi alma de vida
Y mis ojos de encanto,
Que tantas veces han mirado la oscuridad.

Me he ido hasta el fin del mundo,
Donde las hojas se cambian en banderas,
Y delante a tus pies
Mi palabra se irguió.

Confins

Fui olhar em teu solo
A raiz de minha árvore,
A semente do fruto que arde em minha boca
Até me queimar ao gosto de um verso.

Fui caminhar por tuas ruas,
E beber tua água, e chorar teu pranto
Para encher minha alma de vida
E meus olhos de encanto,
Que tantas vezes miraram a escuridão.

Eu fui até o fim do mundo,
Onde as folhas se transformam em bandeiras,
E diante a teus pés
Minha palavra se ergueu.

Entre líneas

Mientras resonaba el silencio,
Yo besaba las palabras...
Tu boca es poesía.

Entrelinhas

Enquanto ressoava o silêncio,
Eu beijava as palavras...
Tua boca é poesia.

O firmamento

Perigeu

Às vezes eu te encontro nesse céu,
Que paira sobre o mundo feito um véu,
Cobrindo de azul a minha sina.

Às vezes eu te vejo na neblina,
Enquanto vaga o dia pela noite
E tarda aos nossos olhos se mostrar.

Às vezes te procuro junto ao Mar
E nele sempre eu miro um espelho,
Que a imagem do teu corpo faz sonhar,
Um sonho que me afasta o devaneio.

Às vezes quando cheia, sou só meio
E às vezes quando nova, minha fonte,
Inundas de saudade a quem não tenho,
À espera no ocaso d'outra fronte.

Às vezes eu te encontro...
Às vezes eu me perco...
Às vezes eu te sinto e noutras nem te vejo...
Mas sempre tua face é um enleio,
À vida que desejo imaginar.

Poente

Amor,
Quando passar a tarde,
Encosta teu coração no ocaso
Pra que o fio de luz, que é semente,
Plante minha alma em tua noite
E assim, unidos ao firmamento,
Nasçamos juntos em outra aurora.

Estro

És tu o Sol na aurora desigual,
Que alumia os sonhos em degredo,
Quando jaz o tempo, que me faz mortal
Ou eterno em teus braços, meu alento.

És a luz no breu que me toca a face,
Ou um sino na noite que me guia
A transpor em segredo o firmamento
E tornar à terra ao brilhar o dia.

És a vida breve que olvida a morte
Ao tornar perene um segundo.
És o som do Mar num arfar profundo,
Ordenando à areia em silêncio minha sorte.

Desejo

O que aparta o céu da terra
É uma linha,
Que se apaga toda noite:
Uma trégua do horizonte,
Pra que o desejo nos faça voar.

Condor

Quem ama um pássaro
Não apara suas asas.

Vem comigo

Vem comigo
Que o ocaso conhece as portas do céu
E eu enxergo melhor à noite;
Tocaremos as nuvens, desceremos a serra,
Sob o pó das estrelas
Ou a poeira da terra.

Vem comigo!
E quando o Sol desvendar nossa sorte,
Chame com um beijo meu nome
E eu amanhecerei por ti.

Anseio

A boca toca o céu,
O horizonte afasta os lábios...

Só a noite conhece o beijo
E só o gosto que tarda
Pelos dias anseio.

Crepúsculo

Sobre a areia
Reclinou do céu o horizonte,
Quando o dia provido
Se erguia ao nascer.

Vagara em segredo
O futuro nos sonhos
E a chuva percorrera incerta
As trilhas da noite estendida.

A sorte em linhas desenhou na relva:
Campos vastos tomaram o deserto
E o mundo se preencheu infinito
Pelo instante da aurora,
Na palma da mão.

Aurora

Deixa que todos vejam tua aurora,
Mas oculta o que te assombra
Pra que ninguém aprisione tua luz.

Illuminare

Aos olhos cerrados, o Sol é tão pleno,
Que nenhum vulto transpõe sua essência,
Que nem o ocaso promove a escuridão.

Aos olhos cerrados, sempre amanhece,
Pois as imagens que foram poente
Hoje se apagam na visão perdida
E a aurora eterna brinda à surgida
A imensidão rara da luz.

Apogeu

Procura tua força
Onde o pranto não te encontra,

E ao despertar em ti
Saberás o tamanho do teu sol.

Antigas águas

Há tempos chove a noite inteira
E meu corpo eu levo ao campo
Pra banhar em antigas águas.

Verte um rio do firmamento,
Chega aos olhos à espreita
E nas lágrimas escorre outro afluente.

Da sorte as águas seguem o curso:
A chuva passa, o corpo repousa
E as gotas não secam.

... Eu vivo abaixo do céu,
Mas ainda lembro das estrelas.

Ventos etéreos

Os ventos que tocam os solos do norte
Perpassam os céus do sul
E levam o tempo, que marca o horizonte.

Pelas areias, sina de toda rocha,
Pelo sal, destino de pranto algum,
Sopra a ventura e sela cada vida.

O passado move-se em versos
E o instante, em ventos etéreos.

Órion

Se deseja as estrelas,
Esteja perto de quem olha para o céu.

Esperança

Há quem passe a vida procurando respostas
E há quem lamente por não encontrá-las.
Mas será que elas nos faltam?
Ou será que fazemos as perguntas erradas?

A cada amanhecer
Há uma nova resposta
E há uma palavra que ressoa em silêncio...
Esperança

Olhos fechados

Se não houvesse o céu,
Quem ergueria a fronte?

Há moradas que se ocultam nas estrelas
E há caminhos que se encontram apenas
Com os olhos fechados.

Fulgor

Com a Lua à fronte
Meu caminho se torna tão claro,
Em passos marcados pelo infinito,
Eu consigo vê-lo
Antes mesmo de trilhá-lo.

Perene

Eterno é o instante
Que na alma perdura.

Por hoje mortais,
Amanhã... pó na aurora

E que o infinito faça lembrar
Os segundos de sol.

Além da bruma

Na chuva que cai
Feito gotas de um pranto...
Talvez alguém chora por ti.

No Mar em que jaz
De palavras um manto...
Talvez alguém chama por teu nome.

No riso por trás
De um sonho, o encanto...
Talvez enxergaste além da bruma.

...As estrelas luzem no escuro.

Não estamos sós.
Não estamos...

Signo

A uma estrela dei nome
E eu penso que é tua...

Em dias que a solidão confunde meu norte
E o inverno aumenta o calor da sorte,
Ela brilha entre a bruma.

Mesmo à distância de anos,
Ela surge no céu quando a chamo...
E tu luzes em minha vida
Pela noite infinita.

Cem vidas

Eu morreria por ti...
Não porque abra mão da vida,
Mas porque a desconheceria
Se não a visse em teus olhos.

Tal como um cravo que desfalece nos campos,
Quando a solidão do outono acompanha a aurora;
Tal como um pássaro que esmorece na areia,
Quando os punhos do tempo ferem suas asas;
Eu morreria por ti...

E eu voltaria cem vidas
Pra te entregar cada uma.

Casa de Libra

Meu amor mora nas estrelas
E eu, às margens do céu...

Cada noite a aurora esconde sua fronte
E a face do ocaso determina outros sóis;
Cada noite se aparta a distância
E a areia alcança além desse horizonte.

Qual estrela guardaste pra mim?
E qual parte do céu me lembra teu nome?

O mundo é tão pequeno
Quando fechamos os olhos
E o tempo é tão curto
Quando enxergamos a eternidade.

A areia

O destino das águas

Talvez a vida seja feito uma nau
E a tua, um barco à deriva.

Talvez não haja porto nessas terras
E o teu casco mutilado range à arrebentação.

Talvez o tempo seja como a hora das ondas
Que morrem sem tocar a praia,
Ou daquelas que conquistam a areia
E secam pra ninguém lembrar.

Talvez a brisa seja um prenúncio da tormenta
E o Sol, um refúgio da noite,
Iludindo os que ainda esperam a luz.

Talvez o destino seja também o acaso
Pra no imenso ermo das águas
Uma onda crescer e te afundar.

Talvez...

E em meio à dúvida, o Mar sobe,
Profundo e sedento,
Até a superfície soar seu estrondo,
Até o silêncio renascer isento de toda dor.
Então as perguntas se perdem, o acaso se esvai
E o náufrago respira, levado pela corrente.

...Há uma gota pra cada lágrima.
No fim, todos tocam a areia.

Anéis de Saturno

Reter o que se perde,
Estender o que se esvai,
Crer que um instante
Dura além de seu dia,
Pelos olhos que enxergam
Quando o tempo se distrai.

Ter o horizonte,
Feito linha num vidro,
Sob lentes do ocaso
E um anel: o segundo.

Ver o silêncio,
Tão presente e profundo,
De um passado nunca ausente
Pela eterna imagem do ontem.

Segundo

O mundo tem dois lados:
Um que vemos
E outro que esperamos...

Mas só quem enfrenta o tempo
Conquista o segundo.

Odò pupa*

O rio que verte o sangue
E queima pelas veias,
Que corre em vida
E seca na morte,
Em todos, tem a mesma cor.

* *Rio vermelho, em iorubá*

Oblata

...Dá a vida a palavra ao homem
E a rima no anseio de falar.

Traz a prenda que impera à boca
E o silêncio a reinar no exílio.

Doa o tempo a quem não dura
E a morte à fugaz eternidade.

Dá a visão pra temer o escuro
E a lágrima pra enxergar a luz.

Leva ao berço todo filho ungido,
Quer no sopro do parto,
Quer da partida no limo.

Brinda hoje um perene começo
E amanhã no desfecho,
Um antigo início...

Rastro

Há palavras que não se desfazem na areia,
Mesmo consumidas suas marcas,
E há pegadas que despistam o tempo
Para o destino as reencontrar.

O mundo me parece uma casa,
Mas há nele tantas salas
Que até o infinito tardaria a se lembrar.

Então ele marca o caminho pelas portas
E as abre apenas na precisa hora,
Para que as letras ressoem à memória
E para que os pés retomem seus passos.

Poemas de areia

I
Que eu pise o horizonte
E que a estrada lembre o presente passo,
Porque o meu destino eu trago do passado
E o meu futuro eu vivo hoje.

II
Não há cercas que limitem essa estrada,
Minha casa é a terra em que eu pisar,
Colho versos entre pedras na alvorada
Pela vida nessa ânsia a me guiar.

III

O horizonte é uma estrada de anseio...
Não há paragens à tua casa
E eu sigo pela noite
Pra que amanheças em minha vida.

IV
O horizonte se desfia às mãos
E os pés anseiam estrelas...
Pelos passos que trilho em sonhos,
Eu percorro o infinito.

Travessia

Quando eu morrer,
Lance minhas cinzas no Mar,
Pra que as ondas guiem minha fronte
E eu encontre junto às águas
Um caminho à outra costa.

Eco

> *Y nacerá de nuevo esta palabra,*
> *(...) Y otra vez en la altura estará ardiendo*
> *Mi corazón quemante y estrellado.*
> Pablo Neruda

Não fomos feitos pra durar...

Mas quando a palavra ressoa,
O mesmo tempo que nos limita
Também se amplia
E o eco perpassa o horizonte.
Por ele um vate escreve...
Para que cada poema viva,
Para que nenhum verso morra
E para que a voz permaneça enfim.

Quando a palavra ressoa,
Tudo o que a vida concebeu
Não perece no silêncio da morte.

Não fomos feitos pra durar,
Mas as palavras e os sonhos, sim.

Índice de poemas

As águas

17 Preamar
18 Oceano
19 O pescador de sonhos
20 Um beijo
21 À deriva
22 Sal e areia
23 Marés
24 Arrebentação
25 Cais

Os campos

29 Às margens do céu
30 Primavera
31 Baixa estação
32 Ventura
33 Antese
34 Sob as árvores
35 Sementes
36 Elísios
37 Linhas na relva
38 Horizonte
39 Livro dos dias
40 Caravana
41 Gitano
42 Cravo
43 Quatro estações

O asfalto

47 Ruínas de ágora
48 Manifesto
49 Narciso paulistano
50 Bandeiras
51 Utopia
52 Respeito
53 Empatia
54 Espelho
55 Liberdade
56 Babilônia
57 Penúria
58 Evolução
59 Pranto de Iara
60 Valia
61 Arbítrio
62 Correnteza

O horizonte

65 Andarín | Andarilho
66 Confín | Confins
68 Entre líneas | Entrelinhas

O firmamento

71 Perigeu
72 Poente
73 Estro

74 Desejo
75 Condor
76 Vem comigo
77 Anseio
78 Crepúsculo
79 Aurora
80 Illuminare
81 Apogeu
82 Antigas águas
83 Ventos etéreos
84 Órion
85 Esperança
86 Olhos fechados
87 Fulgor
88 Perene
89 Além da bruma
90 Signo
91 Cem vidas
92 Casa de Libra

A areia

95 O destino das águas
96 Anéis de Saturno
97 Segundo
98 Odò pupa
99 Oblata
100 Rastro
101 Poemas de areia
105 Travessia
106 Eco

© 2017, Rudá Ventura
Todos os direitos desta edição reservados a
Laranja Original Editora e Produtora Ltda.

www.laranjaoriginal.com.br

Edição **Clara Baccarin e Germana Zanettini**
Projeto gráfico **Arquivo · Hannah Uesugi e Pedro Botton**
Produção executiva **Gabriel Mayor**
Foto do autor **Alexandre Almeida**
Foto da abertura **Rudá Ventura**
Edição das fotos **Bianca Lunna**

Texto revisado segundo o Novo Acordo Ortográfico
da Língua Portuguesa

Dados Internacionais de Catalogação na Publicação (CIP)
(Câmara Brasileira do Livro, SP, Brasil)

Ventura, Rudá
    Preamar / Rudá Ventura. — 1. ed. — São Paulo: Laranja
Original, 2017. — (Coleção Poetas Essenciais; v. 3 /
coordenação Filipe Moreau, Clara Baccarin)

ISBN 978-85-92875-12-1

1. Poesia brasileira I. Moreau, Filipe II. Baccarin, Clara.
III. Título IV. Série.

17-05665   CDD-869.1

    Índices para catálogo sistemático:
    1. Poesia: Literatura brasileira 869.1

Fontes **Gilroy e Greta**
Papel **Pólen Bold 90 g/m²**
Impressão **Forma Certa**
Tiragem **300**